V

FULBERT STEFFENSKY

Mut
zur Endlichkeit

Sterben
in einer Gesellschaft der Sieger

RADIUS

Wir leben in einer Gesellschaft, deren Weisheit schwach und deren Apparate stark sind. Ich will ein politisches Beispiel eines solchen Unendlichkeitswahns nennen; das Beispiel einer Dummheit auf hohem Niveau. Auf dem Genfer Automobilsalon 2003 zeigte VW ein Auto mit 1000 PS, das theoretisch auf 400 Stundenkilometer kommen kann. Dies ist ein Beispiel eines höchst intelligenten Schwachsinns, eine Denkform, die zu ihrer eigenen Karikatur geworden ist. Aber es ist ein Schwachsinn, der zur Selbstverständlichkeit geworden ist und für den man tausend Beispiele bringen könnte. Wie kann sich eine Gesellschaft selbst durchschauen? Wie bringt man das, was dort geschieht, in einen ethischen Zusammenhang? Wie lernt man fragen, was diese Art des Könnens für unsere Nachkommen und für das Überleben der Erde bedeutet? Es gibt eine Dummheit auf hohem Niveau, es ist die Denkschwäche einer hochinformierten Gesellschaft, deren Wissen detailistisch ist und keinerlei ethische Kraft enthält. Wie lernt man, wenn der Zwang zum Können so groß geworden ist, zu fragen, was man nicht tun darf? Wir haben das Bewusstsein der Sterblichkeit und der Endlichkeit verloren. Wie entkommt man dem ziellosen Machbarkeitswahn, von dem die Medizin nicht verschont ist?

Ich imaginiere die Schwierigkeiten, die Asymetrien derer, die in Krankenhäusern, in Altersheimen, in Behindertenanstalten und Hospizen arbeiten:

– Sie erleben die Asymetrie zwischen ihrer Arbeit und ihrem persönlichen Leben. Sie leben wie alle anderen ein normales Leben, haben eine Familie, sie freuen sich an der Natur, haben gern Urlaub und Feierabend. Zugleich erleben sie in ihrer Arbeit gehäuftes Unglück, Niederlagen, vergehendes Leben und Tod. Welche geistige und seelische Souveränität ist nötig, um dieses Leben auszuhalten, ohne in Resignation und Zynismus zu verfallen?

– Sie erleben eine Gesellschaft, die sich hauptsächlich in ihrem Können und Gelingen einleuchtet. Eine Gesellschaft, deren Subjekte sich in ihren

Stärken einleuchten: in ihren beruflichen Stärken, in ihrer Gesundheit, in
ihrer Gepflegtheit und Schönheit und
in ihrem Funktionieren.

– Sie erleben eine Gesellschaft, in
der berufliche Niederlagen nicht vorgesehen sind, wie überhaupt Niederlagen nicht vorgesehen sind. Sie steht
unter Siegeszwängen. Wer im Krankenhaus oder im Hospiz arbeitet, hat
vielleicht mehr Niederlagen als Siege
zu verzeichnen.

– In einer Gesellschaft, in der Sinn
durch Effektivität und Rentabilität
ersetzt ist, haben es die Palliativstatio-
nen schwer. Wissenschaftliches Re-
nommee erlangt man mit medien-
wirksamen Operationsmethoden und
mit aufwendiger kurativer Hightech-
Medizin, nicht aber mit der aufwen-
digen Pflege von Sterbenden. »Des-

wegen haben die gewinnorientierten, bisweilen börsennotierten Krankenhausketten keine eigenen ... palliativmedizinischen Stationen.« So Oliver Tolmein in seinem Buch »Keiner stirbt für sich allein«. Er fährt fort: »Eine Therapie, die nicht mehr Heilung zum Ziel hat, ist ganz anders zu konzipieren und muss ihre Wirksamkeit auch anders überprüfen. Die Kunst des Arztes ist hier mehr als sonst geprägt von Zurückhaltung. Beobachtungsfähigkeit ist gefragt, ärztliche Empathie und Zeit für manchmal sehr lange Gespräche.« (S. 58) Warten, Zeit aufwenden, auf greifbare Erfolge verzichten – das aber sind nicht die Künste der Macher. Diese Gesellschaft ist bereit, für Effekte zu zahlen, nicht ohne weiteres für Sinn und sinnvolles Handeln. Ihr drohen die pathischen Tugenden verlorenzugehen. Eine Aktivität aber, die die Kunst der Passivität nicht kennt, wird bedenkenlos, ziellos und erbarmungslos. Die passiven Stärken des Menschen gehen verloren: die Geduld, die Langsamkeit, die Stillefähigkeit, die Hörfähigkeit, das Wartenkönnen, das Lassen, die Gelassenheit; um zwei alte Worte zu nennen: die Ehrfurcht und die Demut. Zum Siegen verdammt! Aufhören können zu siegen! In Christa Wolfs »Kassandra« fragen die Eroberer Trojas die Seherin, ob ihre Stadt Bestand habe. Sie antwortet: »Wenn ihr aufhören könnt zu siegen, wird diese eure Stadt bestehen.« Im Gespräch mit dem Wagenlenker fügt sie hinzu: »Ich weiß von keinem Sieger, der es konnte.« Mit einer letzten Hoffnung fährt sie fort: »Ich glaube, dass wir unsere Natur nicht kennen. Dass ich nicht alles weiß. So mag es in der Zukunft Menschen geben, die ihren Sieg in Leben umzuwandeln wissen.« Nur zur Endlichkeit befreite Menschen können geschwisterliche Menschen sein und können ihren Siegeszwängen entsagen. In der Welt der Sieger kann es keine gelungene Niederlage geben.

Ganzheit im Fragment

Ich versuche, den Zug einer protestantischen Haltung zu beschreiben, die für unser Thema grundlegend ist. Es ist der Glaube daran, dass wir nicht die Produzenten und Garanten unserer selbst sind. Gnade ist das Urwort protestantischer Spiritualität. Gnade und Gerechtigkeit sind die Säulen des

Christentums. Im 8. Kapitel des Römerbriefs beschreibt Paulus zwei Weltgegenden, einmal das Reich des Todes und des Fleisches, dann das Reich des Lebens und des Geistes. In dem einen Reich herrscht die Königin Sünde als Weltenherrin und als große Sklavenhalterin. Keiner kann ihr entkommen, der sich in dieses Reich begibt. Das Todesurteil ist über alle gesprochen, die dort hausen. Was sie auch planen und tun in jenem Sklavenhaus – es geht verloren, und sie fallen mit ihren besten Absichten in den Tod. In diesem Reich können sie nichts anderes gebären als ihren eigenen Tod.

Das andere Reich ist das Reich des Geistes, in dem die Königin der Zwänge abgesetzt ist. Die Macht des alten Todes ist zerstört, denn die

Güte hat den Tod entmachtet und die Todesurteile zerrissen. Keiner braucht sich mehr selber zu beabsichtigen. Keiner braucht mehr Garant seiner selbst zu sein – das meint Paulus mit Leben im Fleisch! Keiner ist mehr gezwungen, sich selber zu bezeugen, denn »der Geist gibt Zeugnis unserem Geist, dass wir Kinder Gottes sind«. Keiner muss sich mehr auf der Jagd seiner eigenen Ganzheit erschöpfen. Nicht einmal unsere Gebete müssen uns aus der eigenen Kraft gelingen, denn – so heißt es im Vers 26 – »der Geist hilft unserer Schwachheit auf. Wir wissen nicht, wie wir beten sollen, wie sich's gebührt, sondern der Geist selbst vertritt uns mit unaussprechlichem Seufzen«.

Was Paulus hier in abstrakter Theologie sagt, kann man übersetzen in eine Art psychologische Anthropologie: Der Versuch, sein eigener Lebensmeister zu sein; sich selber zu erjagen und sich in der eigenen Hand zu bergen, führt in nichts anderes als in Vergeblichkeit und Zwänge. Der Zwang, sich selber zu gebären und sich durch sich selber zu rechtfertigen, führt in Verzweiflung und in den Kältetod. Das, wovon wir eigentlich leben, können wir nicht herstellen: nicht die Liebe, nicht die Freundschaft, nicht die Vergebung, nicht die eigene Ganzheit und Unversehrtheit. Man kann sich nicht selbst beabsichtigen, ohne sich zu verfehlen. Man kann sich nicht selbst bezeugen, ohne der Verurteilung zu verfallen. Gnade ist also nicht der Differenzbegriff zwischen dem großen Gott und dem kleinen Menschen. Gnade heißt Befreiung von dem Zwang, sein eigener Hersteller zu sein.

Gnade denken heißt wissen, dass den Menschen nicht seine Tauglichkeit und Verwendbarkeit ausmachen. Alte Menschen, dauerhaft Kranke sind wenig tauglich und verwendbar. Sie können sich nicht durch sich selbst rechtfertigen, nicht durch ihre Arbeit, durch ihre Intelligenz und ihren Witz. Sie sind, weil sie sind. Sie sind nicht, weil sie etwas leisten. Kinder sind zunächst ebenfalls nicht durch ihre Funktion für die Gesellschaft gerechtfertigt. Aber sie sind immerhin eine »Investition für die Zukunft«, wie Zyniker sagen. Aber da gibt es Menschen, deren Existenz sich nicht durch ihren Leistungs- und Ertragswert ausweisen lässt: Behinderte, dauerhaft Erkrankte, Alte. Sie lehren uns, dass der Mensch nicht für Zwecke da ist. Wenn wir sie dulden und sichtbar sein lassen, lehren sie uns, was Gnade ist – dass der Mensch ungerechtfertigt da sein darf; nicht gerechtfertigt durch die Größe seiner Taten, seiner Stärken; nicht ausgewiesen durch seine Verwendbarkeit. Es ist etwas wundervoll Widerborstiges und Anarchistisches in einer Gesellschaft, die Alte, Kranke, Behinderte sichtbar sein lässt. Eine solche Gesellschaft weiß, dass das Ziel des Menschen nicht seine Verwendbarkeit ist. Dies aber ist ein Grundwissen der Humanität: kein Mensch ist eines Zweckes wegen da. Vielleicht hat man am stärksten zweckhaft vom Menschen in der Nazizeit gedacht. In sich selber galt er nichts, wie der zynische Satz »Du bist nichts, dein Volk ist alles« es lehrte.

Der Einzelne war immer vom Ganzen her definiert, vom Volk, vom Vaterland, vom Führer. Es ist nur konsequent, dass die Nutzlosen Esser ausgerottet wurden, die Kranken und Behinderten. Ganz sicher wären auf Dauer auch die ganz Alten dran gekommen. Die Ehrung des Lebens, das sich nicht durch Zwecke rechtfertigt, ist das Hauptmoment eines protestantischen Profils.

Vielleicht könnte auch der Kranke aus dieser paulinischen Anthropologie lernen, der eigenen Endlichkeit zuzustimmen. »Pathos – Mathos« haben die Griechen gesagt – Leiden ist Lernen. In der Krankheit könnte der Mensch lernen, sich nicht mehr durch sich selber zu rechtfertigen. Der Schwerkranke ist hilflos, und er ist nicht mehr Souverän seines eigenen

Lebens. Er hat seine Stärke verloren. Er kann sich nicht mehr in der eigenen Hand bergen, er muss sich aus der Hand geben. Er ist angewiesen und bedürftig geworden. Er braucht für die äußeren Verrichtungen und für seine innere Konstitution Menschen. Die Bedürftigkeit ist der Grundzug aller Humanität. Je geistiger ein Wesen ist, um so bedürftiger ist es; um so mehr weiß es, dass es sich nicht selbst gebären und vollenden kann. Es braucht Väter und Mütter, es braucht Kinder und Enkel. Es muss sich auf mehr berufen können als auf den eigenen Witz und die eigene Stärke. Schwer erkrankt sein heißt verarmt sein: arm an eigener Kraft, arm an Bewegungsfähigkeit, arm an Zukunft. Die Krankheit ist Krise: man kann angesichts dieser Verarmung in Hoffnungslosigkeit und Verbitterung erstarren, und man kann sich ergeben. Sich ergeben ist ein veraltetes Wort, das ich mag. Es heißt, sich aus der Hand geben, sich anvertrauen, sich nicht mehr mit sich selber rechtfertigen; wissen, dass es zu wenig ist, nur bei sich selber aufgehoben zu sein. Vermutlich gelingt diese letzte Ergebung, die letzte Bedürftigkeit nur wenigen Menschen; aber vielleicht ein Anfang davon vielen.

Die erste Folge der Bedürftigkeit, die man sich eingestanden hat, wäre, sich als Ganzer im Fragment zu erkennen. Gegen die Chaosängste alter Zeiten gab es immerhin den Glauben, dass Gott das Zerbrochene ansieht und sich dem Zersplitterten zuneigt. Man war also nicht völlig auf die eigene Ganzheit angewiesen. Die Ganzheitszwänge steigen da, wo der Glaube schwindet. Wer an Gott glaubt, braucht nicht Gott zu sein und Gott zu spielen. Er muss nicht der Gesündeste, der Stärkste, der Schönste, der Erfolgreichste sein. Er ist nicht gezwungen, völliger Souverän seines eigenen Lebens zu sein. Wo aber der Glaube zerbricht, da ist dem Menschen die nicht zu tragende Last der Verantwortung für die eigene Ganzheit auferlegt. Es wächst ein merkwürdiges neues Leiden, das durch überhöhte Erwartung an das Leben und der Subjekte an sich selber entsteht. Mein Körper soll fit sein bis ins hohe Alter, mein Aussehen schön. Mein Beruf soll mich erfüllen. Meine Ehe soll ungetrübt glücklich sein. Der Partner soll der beste Liebhaber sein und die Partnerin die beste Köchin.

Die Erziehung der Kinder soll gelingen. Solche Totalitätserwartungen an eine Liebe programmieren ihr Scheitern. So ist das Leben nicht. Die meisten Ehen gelingen halb, und das ist viel. Meistens ist man nur ein halb guter Vater, eine halb gute Lehrerin, ein halb guter Therapeut. Und das ist viel. Gegen den Totalitätsterror möchte ich die gelungene Halbheit loben. Die Süße und die Schönheit des Lebens liegt nicht am Ende, im vollkommenen Gelingen und in der Ganzheit. Das Leben ist endlich, nicht nur weil wir sterben müssen. Die Endlichkeit liegt im Leben selber, im begrenzten Glück, im begrenzten Gelingen, in der begrenzten Ausgefülltheit. Hier ist uns nicht versprochen, alles zu sein. Souverän wäre es, die jetzt schon mögliche Güte des Lebens anzunehmen und zu genießen; das Halbe also nicht zu verachten, nur weil das Ganze noch nicht möglich ist. Souverän wäre es, den Durst nach dem ganzen Leben nicht zu verlieren; um es religiös auszudrücken: das Land nicht zu vergessen, in dem auch der Blinde sieht, der Stumme seinen Gesang und der Lahme seinen Tanz gefunden hat. Wenn man in dieser Weise der Endlichkeit fähig wäre, dann brauchte die eigene Bedürftigkeit, Schwäche, vielleicht sogar die Todesnähe nicht in Chaosängste stürzen. Wenn man der Endlichkeit fähig wäre, dann würde das beschädigte Leben von anderen nicht so maßlos irritieren. Wer nur Ganzheiten erträgt, gerät in Panik, wenn er die Lebensverletzungen wahrnimmt; wenn Beschädigte in sein Schwimmbad wollen; wenn er Behinderte wahrnimmt, wo er sich doch endlich das Paradies versprochen hat – auf Mallorca, auf Capri oder auf Teneriffa.

Gnade denken heißt, den Mut zu fragmentarischem Handeln zu finden; nicht unter beruflichen Siegeszwängen zu stehen. Ich schaue mit Laienblick auf die Ärzte und Pfleger, die Ärztinnen und Pflegerinnen, die mit Sterbenden umgehen. Sind sie fähig, das Sterben eines Menschen nicht als eigene Niederlage zu betrachten? Niederlagen rauben Sprache. Auch das ist eine Form, die Niederlage zu vermeiden, nicht darüber zu sprechen oder die Wahrheit zu verbergen. Ich erzähle eine persönliche Geschichte. Meine Frau hatte zehn Jahre, bevor sie starb, einen schweren und lebensbedrohlichen Zusammenbruch. Wir bangten. Wir selber gerieten in eine Wahnsituation, die ich als Deutungszwang beschreibe. Wir versuchten, in den Mienen der Ärztinnen zu lesen, wir interpretierten ihre Worte über das hinaus, was sie gesagt haben. Wir interpretierten ihr Schweigen und ihre Handlungen. Bald wurden wir befreit von jenen wahnhaften Interpretationszwängen, weil sie absolut ehrlich zu uns waren. Sie machten keine Hoffnung, wo keine war. Sie versprachen nichts und vertrösteten uns nicht. Bald wussten wir, dass ihre Worte meinten, was sie sagten. »Die Wahrheit wird euch frei machen!«, heißt es im Johannesevangelium. Ihre schonungslose Wahrhaftigkeit hat uns befreit von dem quälenden Zustand der Dauervermutungen. Ich könnte mir vorstellen, dass auch die Pflegenden untereinander in quälende Stummheit verfallen, wo sie das Sterben eines Menschen als eine Niederlage empfinden. Es ist schwer, sich die eigene Ratlosigkeit einzugestehen. Die Sprache ist das Haus des Lebens, auch wenn die Wahrheit hart ist.

Vielleicht ist es besonders schwer sich einzugestehen, dass man nichts mehr machen soll, wo man nichts mehr machen kann. Es besteht immer die Gefahr, nur um der eigenen Resignation und Hilflosigkeit zu entgehen, irgend etwas zu tun; irgendwelche Dinge zu treiben, an denen sich herumbasteln lässt. Das Sterben ist schwer. Schwer ist auch, jemanden sterben zu lassen, und dies nicht nur für Angehörige. Wahrscheinlich gehört zur Begleitung eines Sterbenden, ihn gehen zu lassen. Man hilft ihm gehen, indem man ihn gehen lässt. Man begleitet ihn ins Sterben, indem man ihn nicht mit allen Künsten und Tricks hält. Dazu allerdings gehört die schwere Anerkenntnis der eigenen Hilflosigkeit. Ich kann mich nicht dazu durchringen, eine aktive Sterbehilfe im Sinne der holländischen Gesetzgebung zu leisten. »Nicht durch die Hand eines anderen sollen die Menschen sterben, sondern an der Hand eines anderen!«, sagt Bundespräsident Horst Köhler. Wir sind nicht die Macher des Lebens. Wir sind nicht die Herren über Leben und Tod. Ich habe Angst vor einer Welt, in der der Mensch vollkommener Macher seiner selbst wird und alles seinen Machenschaften unterwirft, den Anfang des Lebens, die Tiere, die Bäume und die Flüsse, das Klima und schließlich auch seinen eigenen Tod. Aber zum Verzicht auf die eigenen Machenschaften gehört auch das Einverständnis mit dem Sterben und dem Tod. Auch hier das Wort der Kassandra: »Wenn ihr aufhören könnt zu siegen, wird diese eure Stadt bestehen.« Ich wünsche mir für mein eigenes Sterben gewaltlose und mutige Menschen um mich. Ich wünsche mir nicht Menschen, die unter allen Umständen alles versuchen. Ich wünsche mir Menschen, die meine Schmerzen lindern, selbst wenn das Leben dadurch verkürzt wird. Ich wünsche mir mutige Menschen, die das Risiko eingehen, mich sterben zu lassen. Ich wünsche mir freie Menschen, die nicht in der Erinnerung an die Ideologie der Nazis in eine Anti-Ideologie verfallen, unter gar keinen Umständen mein Leben zu verkürzen. Mit der Möglichkeit der Reanimationsmedizin ist die Verantwortung der Ärzte gewachsen. Sie müssen heikle Entscheidungen treffen. Ich wünsche ihnen den Mut, sie zu treffen. Vielleicht wünsche ich ihnen sogar den Mut zum Irrtum. Der Tod gehört zu uns, Franz von Assisi hat ihn Bruder Tod genannt. Er ist nicht nur unser Todfeind. Man könnte das in einem christlichen Hospiz wissen. Ich will Krankheit und Sterben nicht romantisieren. Aber vielleicht gibt es gelegentlich das Recht des Kranken auf seine Krankheit und auch das Recht auf seinen Tod. Könnte der Gesundheitszwang nicht auch ein Stück geheimer Gewalt sein, dem Kranken seine Krankheit nicht zu lassen und sich als Gesunder nicht mit der Krankheit des anderen abzufinden? Ich sage dies übrigens auch als Vater einer epileptischen Tochter, die lange unter den Gesundheitserwartungen, dem Gesundheitsdiktat ihrer Familie, der Ärzte und der besten ihrer Betreuer gelitten hat. Man muss aufhören können zu siegen. Man muss aufhören können, die Krankheit und den Tod unter allen Umständen und mit allen Mitteln zu bezwingen. Es gibt Krankheiten, die zu einem Menschen gehören. Aber es gibt keine Krankheit, die seine Würde als Mensch beeinträchtigt. Und es gibt den Tod, der zu ihm gehört. Es könnte sein, dass gerade die Hochleistungsmedizin, wenn sie einmal in Gang gebracht ist, ein Sterben in Würde verhindert. Ich zitiere Udo Krolzik, den Direktor des Johanneswerks in Bielefeld: »Erst die moderne Medizin mit ihren Methoden der künstlichen Ernährung hat aus einer qualvollen Art zu sterben eine qualvolle Art zu leben gemacht.« Auch das ist eine herrische und siegerische Weise, mit dem Leben umzugehen, dem Menschen den Tod nicht zu gönnen, wenn seine Stunde gekommen ist.

Lassen Sie mich einen Augenblick über Menschen nachdenken, die an diesen Fronten des Lebens arbeiten! Sie brauchen vielleicht in besonderer Weise die ernährenden Kräfte der Frömmigkeit, einer christlichen Frömmigkeit oder einer Weltfrömmigkeit. Warum? Meine erste Antwort: dass sie die richtige Lesart des Evangeliums lernen. Wie lernen sie, dass die Armen seine ersten Adressaten sind? Es gibt in der Theologie so viel Rhetorik ohne Erkenntnis, und es ist nicht selbstverständlich, die Augen Christi in den Augen des sterbenden Kindes, der verwirrten Frau und des an seiner Krankheit leidenden Mannes zu lesen. Man muss ein gebildetes Herz haben, um Gott in den Gestalten der Kraftlosigkeit zu erkennen. Das ist nicht nur eine Frage der Moral. Eine Moral, die sich auf nichts anderes berufen kann als auf sich selber, bleibt kurzatmig. Wie lerne ich Barmherzigkeit, und wie verlerne ich, die eigenen Wünsche triumphieren zu lassen in der Behandlung eines Menschen? Das sind Fragen der Spiritualität und der Frömmigkeit.

Wie mache ich mich langfristig in der Leidenschaft für das Recht der Schwachen? Man konnte in den letzten Jahrzehnten so viele engagierte Menschen resigniert und ermattet sehen. Man konnte sehen, wie sie sich in der psychologischen Selbstpflege erschöpften. Wie esse ich die Texte und mit ihnen den Geist unserer Tradition? Wie atme ich im Gebet den Geist Christi, dass Gotteserkenntnis und Barmherzigkeit nicht mehr feindliche Geschwister bleiben? Wie arbeiten wir, ohne die Hoffnung zu verlieren. All das ist eine Frage der Spiritualität und der Frömmigkeit.

Wie behalten Menschen in dieser Arbeit den Humor angesichts ihrer eigenen Endlichkeit? Wer am Heil der Menschen und an der Gerechtigkeit arbeitet, hat eine fast unendliche Idee: niemand soll aufgegeben werden. Aber sie sind endliche Menschen. Wie können diese Menschen in kleinen Schritten gehen und den großen Gedanken nicht verlieren oder nicht zugunsten des großen Gedankens in Gewalt gegen sich selber oder gegen andere verfallen? Wie behalten sie die Distanz zu sich selber und lernen den Satz zu sprechen: Geschlagen ziehen wir nach Haus, unsere Enkel fechten's besser aus! Nur wenn man eine Herkunft hat, kann man eine Zukunft denken, die nicht nur aus uns selbst besteht, sondern aus der Kraft von allen; aus der Kraft unserer Toten und der Kraft unserer Enkel. Wir bauen an der Zukunft, aber die Zukunft besteht nicht nur aus uns und unseren Kräften. Ich erinnere mich an eine wundervolle Begebenheit mit Daniel Berrigan, dem Friedensaktivisten, der wegen seiner Friedensarbeit in den USA lange im Gefängnis war. Einmal hat er uns besucht nach einer solchen Gefängniszeit. Er war müde und abgespannt und wollte bei uns lesen, Musik hören, beten und mit uns ins Theater gehen. Es kam ein Anruf aus einem Friedenscamp, wo viele junge Leute zusammen waren. »Daniel muss sofort kommen!«, sagte der Leiter des Camps. »Hier hat er sein Publikum und hier ist er unentbehrlich!« Berrigan verweigerte sich und sagte: »Jetzt will ich Wein trinken und beten.« Mir hat die Ruhe dieses unruhigen Herzens imponiert. Er konnte ohne Verzweiflung arbeiten, und er kannte seine eigene Endlichkeit. Wenn das nicht Frömmigkeit ist und eine Spiritualität, wie wir sie brauchen! Eine Spiritualität, die uns zu Menschen mit gebildeten Träumen und mit langfristigen Optionen macht, ist ein Moment des protestantischen Profils.

Warum sollen wir fromm sein? Jetzt eine Antwort, die überhaupt nicht auf die Effizienz und die Verzweckung von Frömmigkeit schielt und die auch nicht zum Thema passt: Es ist schön zu loben, zu beten und zu singen; die Lieder der Toten und der lebenden Geschwister zu singen und sich in ihre Lebensvisionen zu vertiefen. Es ist schön! Als kritische Christen sich vor vielen Jahren einmal zu einer Wochenendtagung in Berlin trafen, machten einige der Teilnehmenden den Vorschlag, am Sonntag einen Gottesdienst zu feiern. Über diesen Vorschlag wurde gestritten, und einige fragten skeptisch nach der Funktion dieses Gottesdienstes im Progress der Befreiung. Der alte Gollwitzer hörte sich diese Diskussion bekümmert an und sagte dann: Ich will den Gottesdienst, weil es schön ist, mit euch zu beten und zu singen. Diesem entwaffnenden Argument, das eigentlich kein Argument war, konnte sich niemand entziehen. Und dieses »sunder warumbe« ist das Herz der Frömmigkeit.

Erkennbare Orte

Unsere kranke Tochter wollte immer nach Bethel. Wir fragten sie, warum, und sie antwortete: »Weil die Häuser dort Namen haben.« Die Häuser haben Namen. Sie heißen nicht nur Klinik I oder II, sie heißen Mara oder Bethesda oder Pniel. Es sind erkennbare Orte. Ich meine dies nicht nur in einem äußeren und nominellen Sinn. Wir brauchen Orte, die als evangelische kenntlich sind. Es muss Stellen besonderer Erwartungen geben. Protestantismus neigt dazu, die Orte zu vergleichgültigen. Das Innere ist ihm wichtig, nicht die Äußerlichkeit eines speziellen Ortes. Ein guter protestantischer Geist kann sich überall zeigen, wo verantwortlich gehandelt wird. Dazu braucht es kein besonderes evangelisches Krankenhaus, kein besonderes evangelisches Hospiz. Aber ein protestantisches Haus spielt einfach eine andere Rolle als andere Häuser. Man erwartet in jenen Häusern die Deutlichkeit und die Sichtbarkeit des Geistes, aus dem heraus solche Anstalten gegründet wurden. Die Emanzipation christlicher Häuser von dem Einfluss inkompetenter Kirchenleitungen oder pfarrherrlicher Paternalität, ob es Krankenhäuser waren oder Schulen oder Kindergärten, geschah

meistens auf dem Weg der Versach-
lichung der Häuser und der Arbeiten in
ihnen. Die Menschen, die dort arbeite-
ten, wollten gute Ärztinnen sein, gute
Pfleger, qualifizierte Gruppenbetreuer,
gute Psychologinnen und sonst nichts.
Ihre Frömmigkeit lag in ihrer qualifi-
zierten Arbeit und in nichts mehr. Ihre
Frömmigkeit liegt ja auch in der Qua-
lität ihrer Arbeit. Und mir ist ein Arzt
lieber, der etwas von seiner Kunst ver-
steht, als einer, der nur fromm ist und
einen edlen Charakter hat. Man kann
verstehen, dass man damals in den
Zeiten religiöser Diktate misstrauisch
war gegen die religiösen Überdeut-
lichkeiten. Die Zeit und die Gesellschaft, in der wir leben, leiden nicht
mehr an Zwangskonturen und Über-
deutlichkeiten. Wir leiden eher am
Verschwimmen aller Konturen. Wir

leiden daran, dass Ideen keine Orte und keine Klarheit haben. Wir leiden daran, dass so wenige Gruppen leidenschaftliche Ideen vertreten. Wir leiden daran, dass niemand missioniert. Mission ist die gewaltfreie Selbstrepräsentation und Unverborgenheit der Kirche. Religiöses Selbstbewusstsein und Mission sind nicht voneinander zu trennen. Wer von etwas überzeugt ist, zeigt sich in seinen Überzeugungen. Der Geist stirbt, wo er sich nur verbirgt. Christen werden zu Christen, indem sie sich als Christen zeigen. Evangelische Krankenhäuser werden zu evangelischen Krankenhäusern, indem sie als solche erkennbar werden. Man wird der, als der man sich zeigt. Was sich verbirgt, stirbt.

Sich zu zeigen ist nicht nur eine Notwendigkeit für die Glaubenden selber. Es ist eine gesellschaftliche Notwendigkeit. Eine Gesellschaft kann sich selber nur deutlich werden, wenn sie auf Inseln der Deutlichkeit stößt. Kinder und Jugendliche können sich selber nur deutlich werden, wenn sie auf deutliche Gesichter stoßen; auf erkennbare Institutionen. Mission heißt nicht, dass man beabsichtigt, alle zu Christen zu machen. Es gibt andere Wege des Geistes. Sie heißt aber, dass man Menschen zu ihrer eigenen Deutlichkeit verhilft, indem man sich selber kenntlich macht. Der Hunger nach Deutlichkeiten ist groß in unserer Gesellschaft. Das wissen wir spätestens, seitdem es die merkwürdige Aufmerksamkeit auf die Auftritte der Päpste gibt. Ich lese daraus den Hunger nach erkennbaren Figuren und Institutionen. Ob dieser Hunger durch den Auftritt der Päpste gestillt wird, ist eine andere Frage

Protestantische Deutlichkeit hat nicht nur einen Inhalt, sie hat auch eine Form. Evangelische Häuser hat man früher erkannt an der Tracht der Diakonissen, an den Andachten, an den Bibelsprüchen, die eingerahmt an den Wänden hingen. Woran erkennt man sie heute? Was sind die Sitten evangelischer Häuser? Ich liebe das Wort Sitten. Wo es Sitten gibt, sind die Menschen nicht nur auf die Kraft ihrer eigenen Herzen angewiesen. Sitten befreien Menschen von Entscheidungszwängen. Ein altes Leiden war, dass man sich nicht selbst entscheiden durfte, weil schon alles von Sitte und Tradition entschieden war. Ein neues Leiden könnten die zermürbenden Entscheidungszwänge und die zerstörerische Beliebigkeit sein, wo Menschen nicht geholfen wird durch Einrichtungen, vorhandene Rhythmen und Gewohnheiten. Was die Sitten und Formen von christlichen Institutionen sein können, wage ich nicht zu sagen. Ich wünsche nur, dass es sie gibt und dass ihr Geist auch eine Form findet. Der Geist kommt mit sich selber nicht aus. Es muss nicht nur gute Menschen geben. Wir brauchen auch gute Orte mit guten Einrichtungen.

Der Mensch ist, weil er sich verdankt, das lehrt Paulus in jenem Kapitel des Römerbriefs. Die große Grundfähigkeit des Lebens ist der Dank. Der Dank lehrt uns, das Leben zu lieben. Ich erzähle eine persönliche Geschichte. Ich habe den dramatischen Zusammenbruch meiner Frau zehn Jahre vor ihrem Tod erwähnt. Wir haben Wochen um ihr Leben gebangt. Dann erholte sie sich, langsam und vollständig. Sie und wir haben gelernt, dass das Leben Frist ist. Und dies gab unserem Leben eine neue Intensität. Wir lernten die Selbstverständlichkeiten des Lebens als große Gaben zu schätzen. Dass ein neuer Morgen kam, war nicht mehr selbstverständlich, das Lachen unserer Enkel und dass wir zusammen weiter leben durften, waren nicht mehr selbstverständlich. Der Alltag hatte einen neuen Glanz. Wir haben die Bäume anders gesehen, wir haben unsere Liebe intensiver erfahren, wir haben gelernt, was Brot und was Zeit ist. Wir haben die Gaben des Lebens als uns ungeschuldete und als unverdienbare kennen gelernt. Die Dankbarkeit ist wie eine neue Schöpfung der Dinge. Und auch der nach zehn Jahren erfolgte Tod meiner Frau hat diese Dankbarkeit nicht durchstreichen können. Wer weiß, dass er sich verdankt, ist des Lebens fähig, vielleicht auch des Sterbens.

Fulbert Steffensky, 1933 in Rehlingen/Saar geboren, Studium der katholischen und evangelischen Theologie, danach Praxis in Schule und Seelsorge. 1972 Promotion, anschließend Professur für Erziehungswissenschaft an der Fachhochschule Köln. Ab 1975 Professor für Religionspädagogik am Fachbereich Erziehungswissenschaft der Universität Hamburg. Forschungsschwerpunkte sind die religiöse Erziehung in posttraditionalen und urbanen Gesellschaften sowie die kirchliche Sprache in Medien und anderen säkularen Räumen.

Weitere lieferbare Bücher von Fulbert Steffensky
im Radius-Verlag:

Fragmente der Hoffnung
Gewagter Glaube
Heimathöhle Religion
Orte des Glaubens. Die sieben Werke der Barmherzigkeit
Der Schatz im Acker. Gespräche mit der Bibel
Schöne Aussichten. Einlassungen auf biblische Texte
Schwarzbrot-Spiritualität
Wo der Glaube wohnen kann
Die Zehn Gebote. Anweisungen für das Land der Freiheit

Gesamtverzeichnis auf Anfrage beim

Radius-Verlag · Alexanderstraße 162 · 70180 Stuttgart
Fon 0711.607 66 66   Fax 0711.607 55 55
www.Radius-Verlag.de   E-mail: info@radius-verlag.de

ISBN 978-3-87173-369-7
Copyright © 2007 by RADIUS-Verlag GmbH Stuttgart
Alle Rechte der Verbreitung, auch durch Film, Funk,
Fernsehen, fotomechanische Wiedergabe, Tonträger jeder Art,
auszugsweise erfolgenden Nachdruck oder Einspeicherung
und Rückgewinnung in Datenverarbeitungsanlagen aller Art
sind vorbehalten.
Umschlag: André Baumeister
Gesamtherstellung: Clausen & Bosse, Leck
Printed in Germany